S. Michel, R. Buddenbohm, B. Peter

Töpfern ohne Scheibe

ENGLISCH
VERLAG

Die Deutsche Bibliothek - CIP-Einheitsaufnahme

Töpfern ohne Scheibe / S. Michel, R. Buddenbohm, B. Peter. - Wiesbaden: Englisch, 1999
ISBN 3-8241-0786-4

© by Englisch Verlag GmbH, Wiesbaden 1999
ISBN 3-8241-0786-4

Fotos: Frank Schuppelius
Printed in Spain

Die Ratschläge in diesem Buch sind von den Autorinnen und dem Verlag sorgfältig erwogen und geprüft, dennoch kann eine Garantie nicht übernommen werden. Eine Haftung der Autorinnen bzw. des Verlages und seiner Beauftragten für Personen-, Sach- und Vermögensschäden ist ausgeschlossen.

Inhaltsverzeichnis

4

Vorwort

Das Arbeiten mit Ton ist eine außerordentlich entspannende Tätigkeit, bei der man auch mit wenig Übung sehr schöne Dinge herstellen kann. Formen und Glasuren machen es möglich, dass sich Tonarbeiten den eigenen Vorstellungen und dem Zeitgeschmack problemlos anpassen lassen.

Man kann Kunst- und Gebrauchskeramik herstellen, kleine Geschenke und große Figuren und Gefäße, man kann ganz zart und dünn arbeiten, aber auch grob und rustikal.

Es gibt wohl kaum ein Material, das sich vielseitiger bearbeiten lässt als Ton:
1. Ton lässt sich zu Gefäßen auf einer Scheibe drehen
2. oder mit Wülsten oder Stegen aufbauen,
3. man kann damit modellieren,
4. oder den Ton zu Platten ausrollen, die dann auf verschiedene Arten weiterverarbeitet werden.

In diesem Buch wollen wir uns mit der zuletzt aufgeführten Möglichkeit befassen.

Zu Beginn wollen wir jedoch in einem kleinen „Crash-Kurs" etwas über Ton, das Brennen, die Glasuren, Werkzeug und Zubehör erzählen und einige Tipps geben. Außerdem wird eingangs erklärt, wie man aus Tonplatten Kugel- und Röhrenformen herstellen kann.

Im praktischen Teil geht es dann zunächst um flachere Objekte:

Von kleinen Kerzenhaltern, über Blumenstecker bis hin zu Schalen und zur Vogeltränke. Danach formen wir Objekte mit geraden Wänden, meistens mit Hilfe einer oder mehrerer Pappröhren oder Einweckgläser.

Und schließlich stellen wir Objekte vor, die aus Tonkugeln weiterverarbeitet werden.

Damit man eine Vorstellung vom Schwierigkeitsgrad der einzelnen Vorschläge bekommt, haben wir eine Punktwertung hinter die Überschriften gesetzt:
* = ganz leicht,
** = auch noch leicht,
*** = etwas schwieriger,
**** = für Leute mit Geduld und guten Nerven.

Die Ideen, die wir in diesem Buch präsentieren, sind zuvor von unseren Kursteilnehmerinnen und -teilnehmern ausprobiert und für gut befunden worden. Einige haben unsere Vorschläge genau nach Anleitung getöpfert, andere haben sie als Grundlage benutzt und sie nach ihren eigenen Vorstellungen verändert. Wieder andere wollten eine Idee nachtöpfern, aber im Laufe des Arbeitens ist schließlich etwas ganz anderes herausgekommen.

Und alle hatten Spaß und Erfolg ...
so wie die Leser dieses Buches hoffentlich auch.

Einige grundsätzliche Fragen zum Thema und ihre Beantwortung

TON

Wo gibt es Ton?

Hier in Deutschland wird der Ton für Töpfereien überwiegend im Westerwald abgebaut und zu gebrauchsfähigen Massen weiterverarbeitet.

Ton ist normalerweise in 10-kg-Paketen erhältlich, und zwar beim Töpfereibedarf, im Hobbyfachhandel oder auch in Baumärkten mit Bastelabteilungen. Finger weg von selbstgefundenem Ton und auch von Ton aus Ziegeleien, insbesondere, wenn man keinen eigenen Ofen zum Brennen hat. Mitunter explodieren die Werkstücke oder sie sind für die üblichen Temperaturen nicht geeignet. Dadurch werden andere Teile im Ofen in Mitleidenschaft gezogen.

Welche Sorte Ton sollte man kaufen?

Wir haben für alle unsere Beispiele den im Hobbybereich überwiegend verwendeten Aufbauton benutzt. Diesem Ton wurden kleingemahlene, schon gebrannte Tonpartikel, sogenannte Schamotte, zugesetzt, sodass er stabiler und leichter zu verarbeiten ist. Der Schamotteanteil liegt beim Aufbauton bei ca. 25%. Die Schamotteteilchen haben eine Körnung bis 0,5 mm.

Wer auf der Scheibe dreht, benutzt übrigens Ton mit ganz feingemahlenen Schamotteteilchen oder ganz ohne Schamotte. Für große Teile und für Platten

bevorzugt man Ton mit einem hohen Schamotteanteil, da dieser Ton weniger anfällig für Risse und Verformungen ist. Weiterhin kann man zwischen verschiedenen Farbrichtungen wählen. Es gibt hellen, beigefarbenen, roten (Terrakotta) und dunklen Ton. Grundsätzlich kann man sagen, dass die Glasurfarben auf hellem Ton intensiver herauskommen als auf dunklerem.

Man sollte sich also vor dem Töpfern überlegen, welche Wirkung man erzielen möchte und danach den Ton einkaufen.

Wie soll man den Ton lagern?

Wenn man Ton lagern möchte, muss er in einer Plastiktüte gut verschlossen werden, sodass er nicht austrocknen kann. Sollte das trotzdem einmal passieren, wickelt man den trockenen Tonklumpen in ein nasses Handtuch und packt ihn wieder in die Tüte. Bei Bedarf muss man den Vorgang wiederholen.

Man sollte also zwei, drei Tage bevor die Töpferlust ausbricht nachschauen, ob der Ton noch weich ist.

BRENNEN

Warum muss Ton gebrannt werden?
Beim Brennen geht der Ton in einen festen Scherben über, der nicht mehr von Wasser aufgeweicht werden kann, mitunter sogar wasserundurchlässig ist. Der Brennvorgang geschieht in speziellen Öfen, die mit Holz, Gas oder Strom betrieben werden. Die Brennöfen, die im Hobbybereich Verwendung finden, sind Elektroöfen.

Ein Backofen tut's nicht, erst bei ca. 600°C findet die sogenannte Scherbenbildung statt.

Was ist ein Schrüh- oder Rohbrand?
In diesem Brand findet die Scherbenbildung statt, das heißt, unser getöpfertes Werk bekommt eine steinartige Konsistenz. Wir benutzen dafür eine Temperatur von 960°. Bei dieser Temperatur ist unser Getöpfertes schon recht hart und unempfindlich, nimmt aber noch Wasser auf, sodass die Glasuren, die nun aufgetragen werden, gut trocknen.

Was ist ein Glasur- oder Glattbrand?
Bei diesem Brand werden die Glasuren (so nennt man die Farben, mit denen man getöpferte und schon geschrühte Sachen überzieht) geschmolzen und verbinden sich ganz fest mit dem getöpferten Stück. Bei unseren Beispielen haben wir Glasuren benutzt, die bei einer Temperatur von 1020° bis 1080° schmelzen. Diese Glasuren gibt es in großer Auswahl im Fachhandel. Sie werden im Hobbybereich überwiegend benutzt, weil sie unkompliziert in der Handhabung sind. Wenn Tonstücke unter 1200° gebrannt werden, spricht man übrigens von Steingut.

Bei Brenntemperaturen über 1200° spricht man von Steinzeug, ab 1300° von Porzellan. Je höher der Ton gebrannt wird, desto härter und wasserundurchlässiger wird er. Das ist auch der Grund dafür, dass bei unserem dickwandigen Kaffeebecher eher ein Stück Rand abschlägt als bei der dünnwandigen Sammeltasse!

Wie hoch ein Ton gebrannt werden darf, steht gewöhnlich auf der Packung. Dunkler Ton kann nicht so hoch gebrannt werden wie heller.

Wo kann man getöpferte Sachen brennen lassen?
In größeren Städten gibt es meistens Töpfereibedarfshändler, die auch Lohnbrand durchführen. In ländlichen Gebieten sollte man einmal die Kunsthandwerker- und Hobbymärkte in der Umgebung abklappern. Vielleicht findet man einen netten Menschen, der bereit ist, gegen Entgelt fremde Sachen mitzubrennen.

Töpferkurse aller Art bieten sich natürlich auch an.

Wenn man richtig töpfersüchtig ist, sollte man vielleicht zusammen mit einigen Gleichgesinnten über den Kauf eines eigenen Ofens nachdenken. Einen kleinen Elektroofen mit 45 Litern Inhalt und einfacher Temperatursteuerungstechnik bekommt man zu einem erschwinglichen Preis oder mit etwas Glück gebraucht aus der Zeitung.

GLASUR

Wo kann man Glasuren kaufen?

Beim Töpfereibedarf, gegebenenfalls auch im Hobbyfachhandelsgeschäft oder Baumarkt mit Bastelabteilung. Es gibt auch einige Versandhändler.

Was nimmt man für Glasuren?

Glasuren kann man in Pulverform oder als Flüssigglasur kaufen.

Wir haben bei unseren Beispielen ausschließlich gebrauchsfertige Flüssigglasuren verwendet, die zwei- bis dreimal mit einem normalen Pinsel aufgetragen werden und dann erfahrungsgemäß zu guten Ergebnissen führen. Viele Firmen haben ihr Programm an Flüssigglasuren während der letzten Jahre sehr weit ausgedehnt.

Bei Pulverglasuren ist die Auswahl größer und sie sind preiswerter. Aber man muss sie noch anrühren und verschiedene andere Stoffe zusetzen, damit sie schön fest am Scherben haften und damit die angerührten Glasuren nicht nach kurzer Lagerzeit steinhart werden. Sie sind schwieriger aufzutragen und man kann sie häufig nur in 1-kg-Gebinden kaufen.

Nach unserer Ansicht ist es im Hobbybereich wegen der guten Ergebnisse und einfacheren Aufbereitung lohnenswert, mit Flüssigglasuren zu arbeiten.

Sind Glasuren giftig?

Es gibt Glasuren, deren Verwendung sehr bedenklich ist, weil sie Schwermetalle wie Blei, Cadmium oder Selen enthalten. Diese Glasuren verschwinden jedoch zusehends und werden wegen verschiedener Auflagen nur noch von wenigen Händlern verkauft. Die Zahl schöner gefahrstofffreier Pulver- und Flüssigglasuren, die bedenkenlos auch bei der Arbeit mit Kindern angewendet werden können, ist in den letzten Jahren beständig angestiegen. Bei den Beispielen im Buch haben wir ausschließlich solche Glasuren verwendet. Und trotzdem gilt auch hierbei: Nach dem Glasieren stets die Hände waschen und beim Glasieren möglichst nicht essen oder rauchen.

WERKZEUG, ZUBEHÖR UND HILFSMITTEL

Unbedingt nötig sind: eine stabile Kuchenrolle, ein spitzes Küchenmesser, ein spitzer Gegenstand wie Zahnstocher, Stopfnadel oder Töpfernadel, ein Draht zum Tonabschneiden, eine alte Kuchengabel, ein Lineal oder besser ein Maßband und Strohhalme zum Löcherbohren. Zum Glasieren ein Schulpinsel mit langen Borsten sowie ein feinerer Haarpinsel.

Nicht unbedingt notwendig, aber gut zu gebrauchen sind: aus dem Fachhandel einige Modellierhölzer zum Glätten und Formen und eine Modellierschlinge zum Aushöhlen. Aus der Apotheke kann man sich noch ein spitzes Skalpell besorgen, weil sich damit der Ton ganz exakt schneiden lässt.

Alles, was man sonst so an Zubehör benötigt, findet man gewöhnlich im

Küchenschrank oder in der „Kram-
schublade": alte Kugelschreiber, Ausstechformen, Knoblauchpresse, Teesieb,
Löffel, Holzleisten, Schwamm, Teller,
Schüsseln etc.

Ganz wichtig ist Schlicker. Schlicker besteht aus getrocknetem Ton, den man in
einem Tuch mit einer Kuchenrolle zer-
bröselt und dann mit Wasser in einem
alten Marmeladenglas zu einem dünn-
flüssigen Brei anrührt. Wenn man erst
einmal einen Schlickertopf angefangen
hat, kann man kleine Tonreste, die beim
Töpfern entstehen, zum Auffüllen benutzen. Nach Bedarf wird der Schlicker
immer wieder mit Wasser eingeweicht.
Schlicker wird als Kleber benutzt. Wenn
ein Tonteil an ein anderes angebracht
werden soll, müssen beide Teile an der
Ansatzstelle mit Schlicker eingestrichen
werden. Dazu benutzt man am besten
einen alten Pinsel. Man sollte sich für jede Tonfarbe, die man verwendet, einen
Schlickertopf zulegen.

Als Unterlage zum Ausrollen eignet
sich Zeitungspapier, das man aber öfter
auswechseln muss, oder auch ein Stück
Stoff. Mit einem Holzbrett kommen wir
nicht so gut zurecht. Beim Ausrollen
sollte man die Tonplatte immer wieder
umdrehen, dann geht's leichter!

Für die im Buch beschriebene Kugeltechnik benötigt man Styroporkugeln,
die man in verschiedenen Größen preis-
günstig im Hobbyfachhandelsgeschäft
bekommt. Für große Kugeln eignen sich
auch die Fußbälle vom Junior gut, für
kleine Kugeln sind Tennisbälle ganz prima. Vor der Benutzung müssen die Kugeln oder Bälle mit alten Nylonstrüm-
pfen überzogen werden, damit der Ton
nicht anbackt. Tennisbälle kann man so
benutzen. Außerdem benötigt man noch
eine Holzlatte, ca. 4-5 cm breit und 30
cm lang. Alternativ kann man auch ein
Holzlineal benutzen.

Bei der Röhrentechnik benötigt man eine rollenartige Form. Sehr gut geeignet
ist eine dicke Pappröhre, auf die Teppi-
che aufgerollt werden. Eine solche Teppichrolle haben wir in Stücke gesägt
und bei unseren Arbeiten benutzt. Ein
hohes Einweckglas funktioniert ebenfalls gut. Für schmale Röhren kann man
verschiedene Dosen, Papprollen von der
Küchenrolle, rollenförmige Paketver-
packungen oder auch Flaschen usw.
verwenden. Vor Arbeitsbeginn müssen
auch diese Gegenstände mit einem
Strumpf überzogen werden.

…UND NOCH EINIGE TÖPFERTIPPS

Wie fertigt man am einfachsten Schablonen an?
Wir haben sehr gute Erfahrungen mit
sogenanntem Architektenpapier ge-
macht. Dieses Papier, das wie dickes
Transparentpapier aussieht, wird für
technische Zeichnungen benutzt und ist
im Schreibwarenhandel zu kaufen. Dieses Papier legen wir auf unsere Vorlage,
zeichnen alle Linien mit einem Bleistift
nach und schneiden die äußeren Konturen aus. Danach legen wir die Schablone
auf den Ton und schneiden die äußere
Form mit einem Messer oder Skalpell

aus. Die Linien im Inneren der Schablone malen wir nun mit einem stumpfen Gegenstand (stumpfer Bleistift oder Schaschlikspieß) nach. Die Linien drücken sich auf den Ton durch. Die Schablone wird abgezogen und man kann auf der Tonplatte weiterarbeiten. Diese Schablonen halten übrigens erstaunlich lange, ehe sie sich zusammenrollen oder reißen! Die Vorlagen in diesem Buch sind übrigens mit genauen Maßangaben versehen, damit Sie sie in Originalgröße anlegen können.

Was muss man beim Töpfern beachten, um Fehler zu vermeiden?

Gleichmäßig ausrollen: Platten sollten möglichst an allen Stellen gleichmäßig dick sein, es kommt sonst leicht zu Rissen beim Trocknen.

Schlickern: Wenn man ein Stück Ton an einem anderen befestigen will, benötigt man Schlicker als Kleber. Außerdem muss man die Teile, außer wenn sie ganz winzig sind, fest andrücken. Größere Teile sollten zusätzlich mit einer Kuchengabel an der Klebestelle aufgeraut werden.

Antrocknen lassen: Häufig kann man

ein getöpfertes Stück besser handhaben oder dekorieren, wenn der Ton schon ein bisschen angetrocknet ist und die Form behält. Das gilt insbesondere für die Kugeltechnik.

Wenn man es eilig hat, kann man das Antrocknen mit einem Fön oder auch in der Mikrowelle beschleunigen. Letzteres muss man ausprobieren, weil die Einstellzeiten je nach Größe und Dicke der Arbeit variieren.

Wie, wo und wie lange lässt man die getöpferten Stücke trocknen?

Zum Trocknen legen wir die Stücke zunächst in einen kühlen Raum, am besten auf ein Metallregal. Zu schnelles Trocknen führt zu Rissen. Holzregale sind grundsätzlich nicht so gut geeignet, weil das Holz einen Teil der Feuchtigkeit aus dem Ton aufnimmt.

Flache Stücke wie Bilder, Kacheln oder Blumenstecker kann man zumindest am Rand mit alten Fliesen beschweren, damit sie sich beim Trocknen nicht biegen. Nach ein paar Tagen darf das Stück dann in einem warmen Raum zu Ende getrocknet werden. Kleine und dünnwandige Teile kann man nach einigen Tagen in den Schrühbrand geben, bei großen und dicken Teilen sollte man zwei, drei Wochen Geduld aufbringen. Zu kurz getrocknete Teile explodieren mitunter beim Brennen.

Größeres sollte man ganz langsam trocknen, indem man es mit einer Folie abdeckt. Die Ränder trocknen nämlich erheblich schneller als der Rest, sodass es ohne Folie leicht zu Trocknungsrissen kommt.

Ein trockenes Stück kann man übrigens prima mit Schmirgelpapier glätten. Aber Vorsicht! Es ist in diesem Zustand erheblich bruchempfindlicher als ein rohes Ei.

DIE KUGELTECHNIK

Was kann man mit der Kugeltechnik machen?

Mit dieser Technik kann man sehr gleichmäßige und mit etwas Übung auch sehr dünnwandige Kugelformen herstellen. Voraussetzung ist der Besitz zweier gleich großer Bälle oder Halbkugeln. Unseres Erachtens ist die Anschaffung von Styroporformen, die es in verschiedenen Größen für wenig Geld im Hobbyfachhandel zu kaufen gibt, sinnvoll. Diese Formen sind immer wieder verwendbar, sodass sich die Anschaffung auf jeden Fall lohnt. Für kleine Kugeln sind übrigens alte Tennisbälle ideal.

Wie funktioniert diese Technik?

Die in diesem Buch vorgestellten und nach der Kugeltechnik gefertigten Objekte sind alle mit Styroporhalbkugeln von 15 cm oder 20 cm Durchmesser hergestellt, die genormt und im Hobbyfachhandel erhältlich sind. Für kleine Kugeln haben wir Tennisbälle benutzt. Wenn jemand andere Bälle oder Kugeln benutzen möchte, muss zunächst der Umfang der Kugelform gemessen werden, die man verwenden möchte. Diese Länge teilt man durch zwei und zieht - je nach Kugelgröße – noch zwei bis vier Zentimeter ab. Diese Zahl ist dann der Durchmesser der Tonplatten, die für diese Technik ausgeschnitten werden. Im folgenden soll nun die Herstellung einer Tonkugel mit Hilfe zweier Styroporhalbkugeln oder -kugeln von 15 cm Durchmesser beschrieben werden. Wir rollen den Ton auf der Zeitung zu einer nicht zu dünnen Platte (ca. 4 mm stark) aus. Dabei wird der Ton öfter gewendet und die Zeitung öfter ausgewechselt,

damit sie nicht am Ton haftet. Aus der Tonplatte schneiden wir zwei Kreise von 20 cm Durchmesser aus (das ist in etwa die Größe eines Frühstückstellers). Die Tonkreise werden auf die (Halb)Kugeln gelegt und dann fest angedrückt. Die Tonkreise sollten nicht gezogen oder angestrichen werden. Einfach langsam fest andrücken, dann vermeidet man „Abnäher" und dünne Stellen. Der Tonkreis passt übrigens nicht ganz auf die Halbkugel, sondern ist etwas kleiner (Skizze 1).

Skizze 1

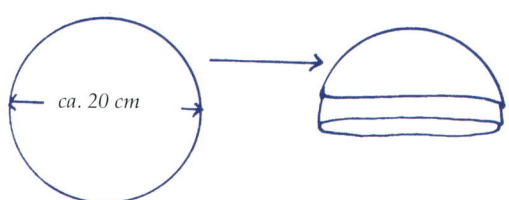

ca. 20 cm

Die Halbkugeln lassen wir nun auf den Styropor(halb)kugeln ca. 1 Stunde an einem warmen Ort oder draußen im Wind antrocknen, bis sie sich nicht mehr von selbst verformen. Mit einem Fön, einem Heißluftgerät oder einem Mikrowellengerät (ausprobieren!) können Sie den Trocknungsvorgang beschleunigen. Nun entfernen wir die Tonhalbkugeln von den Styroporkugeln und streichen die Ränder mit dem Messer gerade, sodass unsere Tonhalbkugel einen glatten breiten Rand hat, den wir mit reichlich Schlicker versehen (Skizze 2).

Skizze 2   *den Rand gerade streichen*

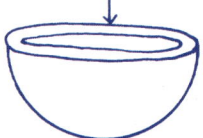

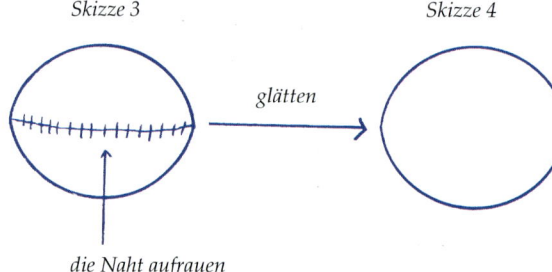

glätten

die Naht aufrauen

Die beiden Hälften werden aufeinandergesetzt. Mit der Gabel rauen wir die Ränder auf und verbinden damit beide Tonhalbkugeln (Skizze 3). Danach streichen wir mit dem Messer die Ränder glatt, sodass die Kugel geschlossen ist (Skizze 4).

Mit einer Holzlatte, einem Holzlineal oder einem hölzernen Bratenwender klopfen wir nun vorsichtig und mit etwas Geduld auf die Naht und dann auf alle Seiten, bis eine schöne runde Kugel entstanden ist. Das muss man ausprobieren! Nach einer Weile hat man heraus, wo und wie stark man klopfen muss.

Mit dem Messer wird die Kugel zwischendurch immer mal wieder geglättet. Wenn sie die gewünschte Rundung erreicht hat, streichen wir nochmals alles schön glatt.

Falls sich dabei Risse an der Oberfläche zeigen, können wir diese mit ein bisschen Ton oder Schlicker schließen. Selbst größere Dellen lassen sich so beseitigen. Kleinere Unebenheiten kann man natürlich auch kaschieren, indem man sie z.B. als Standfläche benutzt. Nicht vergessen: Unten in die Kugel muss mit einem dicken Strohhalm ein Loch gebohrt werden, damit die Luft, die sich beim Brennen ausdehnt, entweichen kann und die Kugel nicht platzt!

Was muss man von der Kugeltechnik noch wissen?

Je kleiner die Kugel, desto leichter geht's.
Je dünner der Ton ausgerollt ist, desto schwieriger sind die Kugelhälften aneinander zu fügen.
Wenn die Halbkugeln noch zu weich sind, verformen sie sich beim Zusammensetzen. Sind sie zu hart, werden sie widerspenstig. Die richtige Stabilität muss man beim Arbeiten für sich selbst herausfinden.
Wenn die Halbkugeln eine schöne ebene Auflagefläche haben, lassen sie sich leichter zusammensetzen.
Gönnen Sie sich ein bis zwei Fehlversuche! Wenn Sie diese überstanden haben, sind Sie bestimmt ein echter Kugeltechnik-Fan.

DIE RÖHRENTECHNIK

Was kann man damit machen?

Mit der Röhrentechnik kann man geradwandige Gefäße jeder Größe und Höhe herstellen.
Man kann sehr exakt und auch recht dünn arbeiten, sodass diese Technik auch für filigranere Arbeiten gut geeig-

net ist. Es müssen übrigens keineswegs röhrenartige Gefäße sein. Man kann auch oval, sechs- und achteckig mit der Röhrentechnik arbeiten. Voraussetzung ist allerdings, dass man eine entsprechende Form besitzt. Wenn wir einmal mit „Adleraugen" durch Küche und

Keller gehen, werden wir entdecken, dass wir eine Vielzahl solcher Formen besitzen: Toilettenrollen, Teppichrollen, Einweckgläser, Nesquick-Dosen, Keks- und Tupperdosen, Waschmitteltonnen, Papierkörbe und so weiter und so weiter ... (Skizze 1).

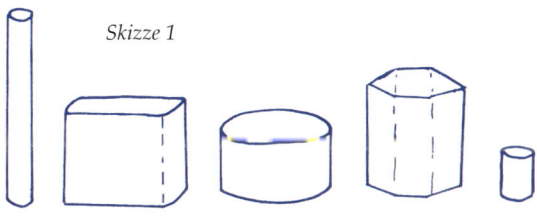

Skizze 1

Wie geht man vor?

Zunächst messen wir mit einem Bandmaß den Umfang unserer Form und zählen 1 cm dazu (bei großen Arbeiten auch mehr). Als nächstes überlegen wir, wie hoch unser Gefäß werden soll. Mit diesen Maßen, also Umfang + 1 cm x Höhe schneiden wir uns ein Rechteck zu.

Beispiel: Wir wollen einen kleinen Blumenübertopf herstellen. Dazu haben wir uns eine Teppichrolle geholt und uns ein Stück abgesägt. Der Durchmesser dieser Rolle beträgt 10 cm, der Umfang knapp 33 cm. Der Übertopf soll eine Höhe von 10 cm bekommen. Also schneiden wir uns ein Tonrechteck von 33 + 1 cm x 10 cm zu.

Skizze 2

Die Naht verstreichen

Dieses Rechteck wickeln wir um unsere Form, und zwar so, dass Rechteck und Form zusammen abschließen (Skizze 2). Die Naht wird gut verstrichen. Anschließend stellen wir die Röhre mit der Form auf ein Stück ausgerolltem Ton und schneiden herum, mit 1 bis 2 mm Nahtzugabe. Mit einem Messer fassen wir unter den Boden und verstreichen den Ton an der Gefäßwand, bis alles glatt ist (Skizze 3).
Wir entfernen die Form und verstreichen die Naht auch von innen.
Jetzt ist unsere Röhrenform fertig. Wir können sie noch verzieren.

Skizze 3

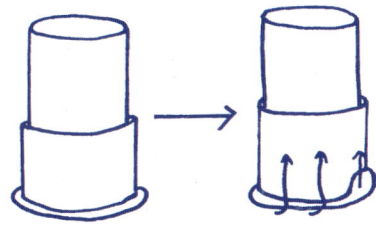

Noch einige Tipps und Tricks

Die Form darf nicht allzu lange in der Tonröhre verbleiben. Durch den Trockenvorgang ist sie nach recht kurzer Zeit hoffnungslos eingeklemmt. Dann hilft nur noch aufschneiden!
Ein Problem bei Röhrengefäßen, insbesondere bei Vasen, liegt darin, dass diese häufig nicht dicht sind. Wenn wir jedoch innen in das Gefäß zwischen Boden und Wand eine dünne Wulst legen und diese ordentlich verstreichen, hat man eine Chance. Ansonsten hilft Bootslack (natürlich nur bei Vasen und Übertöpfen etc.).
Pfiffige Effekte erhält man auch, wenn man ein schlichtes Röhrengefäß herstellt, die Form herauszieht und es dann mit den Händen vorsichtig zusammenknittert.

Vorschläge und Ideen

FLACHE FORMEN

Blüten-Kerzenhalter ✳

Material:
- weißer Ton
- Sandstarglasur in Blau und Apricot

Aus einer weißen Tonplatte schneiden wir die große und die kleine Blüte aus (siehe Schnittmuster). Mit einem Modellierholz werden die Blätter noch eingekerbt.

Danach setzen wir die kleine Blüte mit Schlicker auf die große und drücken sie an. Die Ränder beider Blüten können noch gewellt werden.

Wir haben diese Kerzenhalter mit einer blauen und apricotfarbenen Sandstarglasur versehen.

Breite 13 cm, Höhe 13 cm

Kerzenhalter in Kelchform ✳

Material:
▸ weißer Ton
▸ Flüssigglasur in Rot und
  Flaschengrün

Mit der gleichen Blütenschablone wird dieser Teelichthalter hergestellt. Wir schneiden die Blütenform wiederum aus einer weißen Tonplatte aus. Die Blütenblätter werden dann fast bis zur Mitte eingeschnitten. Man kann auch noch ein Muster einritzen.
Die so entstandenen Blätter werden hochgebogen und an den Kanten etwas übereinander gelegt (ein Blatt vorlegen, ein Blatt dahinter). Dort, wo die Blütenblätter überlappen, werden sie geschlickert und zusammengedrückt.

Für die Unterlage unter den Kelch benötigen wir ein größeres echtes Blatt mit ausgeprägten Adern. Wir haben für diese Arbeit das Blatt einer Bauernrose gewählt. Das Blatt wird mit den Adern nach unten auf ein dünnes Stück Ton gelegt und mit Hilfe der Kuchenrolle aufgedrückt. Danach ziehen wir das richtige Blatt ab, schneiden die Konturen aus, legen das Blatt etwas gewellt auf eine Unterlage (kleine Papierröllchen zum Abstützen benutzen) und setzen unseren Blütenkelch nach der üblichen Methode auf.
Als Glasur haben wir ein glänzendes, dezentes Rot und ein glänzendes Flaschengrün gewählt. Die Brenntemperatur liegt bei 1050°.

Schmetterling *

Material:

- weißer Ton
- Sandstarglasur in Royalblau, Apricot und Schwarz

Als erstes fertigen wir uns eine große und kleine Schmetterlingsschablone an. Anschließend rollen wir eine Tonplatte aus und schneiden gemäß dieser Schablone den großen und den kleinen Schmetterling aus.

Dann schlickern wir den kleineren auf den größeren Schmetterling, indem wir die Flügel in Wellen legen. Wenn der Ton noch sehr weich ist, kann man durch kleine Papierröllchen verhindern, dass die Wellen wieder zusammensacken.

Breite 22 cm, Höhe 19 cm

Die Fühler werden aus zwei Rollen extra angesetzt und gut am Körper und an den Flügeln mit Schlicker befestigt, damit sie nicht abfallen.

Das Loch zum Aufhängen nicht vergessen!!!

Bemalt haben wir den Schmetterling mit einer apricotfarbenen, einer royalblauen und einer schwarzen Sandstarglasur.

Die Brenntemperatur liegt bei 1060°.

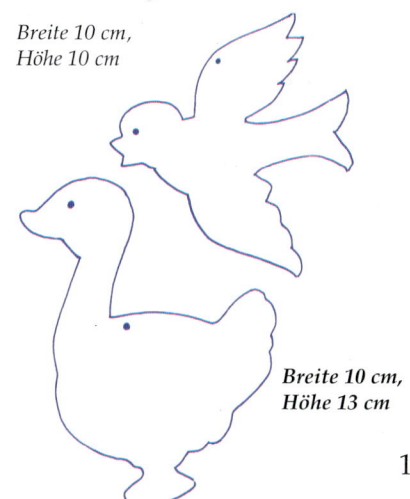

Vogel und Ente ✳

Material:
- ◗ weißer Ton
- ◗ Sandstarglasur in Royalblau und Apricot

Wir fertigen uns eine Vogel- und Enten-
schablone an und legen diese auf ein
dünn ausgerolltes Stück Ton. Dann
schneiden wir die Konturen aus.
Mit einem Strohhalm werden an den
angegebenen Stellen Löcher gebohrt.

Nach dem Trocknen und dem Schrühbrand haben wir die Ente mit einer
apricotfarbenen, den Vogel mit einer
royalblauen Flüssigglasur (Sandstarglasur) 2-3-mal eingepinselt und bei 1050°
oder höher gebrannt. Danach wurden

die Tiere mit dünnem Schleifenband
aufgehängt.
Tipp: Beim Trocknen legen wir immer
eine Fliese auf die Anhänger, damit sie
schön flach und gerade bleiben.

*Breite 10 cm,
Höhe 10 cm*

*Breite 10 cm,
Höhe 13 cm*

19

Blumenstecker ✳✳

Material:
▶ roter Ton
▶ Flüssigglasur wie angegeben

Wir beginnen die Arbeit am Blumenstecker mit dem Anfertigen einer entsprechenden Schablone aus Pergamentpapier. Dann legen wir die gewählte Schablone auf ein dünn ausgerolltes Stück roten Ton und schneiden die Konturen aus. Der Ton sollte unbedingt rot sein, da außer beim Frosch und beim Pinguin etliche Teile unglasiert bleiben. Die Linien innerhalb der Schablone (wie z.B. die Beine, den Mund und die Augen beim Frosch) kann man mit einem stumpfen Gegenstand durch das Pergamentpapier auf den Ton übertragen. Oder wir zeichnen diese Linien nur von der Schablone ab, denn der Blumenstecker muss ja nicht exakt wie die Vorlage aussehen. Bei der Schildkröte haben wir in den Panzer mit dem Stiel einer Kuchengabel noch ein Muster gedrückt.
Dann drehen wir das Tier um und befestigen durch Schlickern und Verstreichen in Pfeilrichtung eine Art Schlaufe von ca. 5 x 5 cm an der Rückseite, in die wir später einen Holz- oder Bambusstab stecken können (Skizze). Wir lassen den Blumenstecker auf dem Bauch liegend trocknen.

Breite 12 cm,
Höhe 17 cm

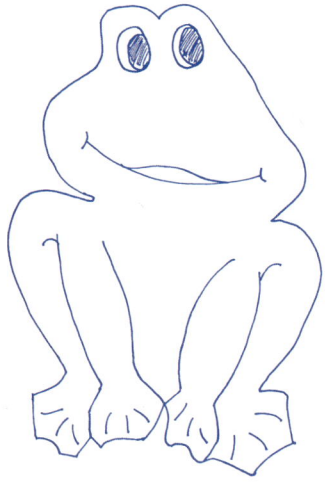

Der Frosch wurde mit einer dunkelgrünen, halbtransparenten Flüssigglasur zweimal angepinselt, der Mund bekam eine rote Glasur.
Der kleine Hase hat eine fliederfarbene, glänzende Hose mit weißem, gepunktetem Kragen, die Ohren und die Schnauze sind rosa, die Nase schwarz glänzend.

Breite 14 cm,
Höhe 17 cm

Breite 17 cm,
Höhe 23 cm

Das Kleid der Hasenmutter wurde mit einer weißen Glanzglasur mit roten und gelben Punkten versehen, die Schürze und die Nasenspitze sind rot glänzend,

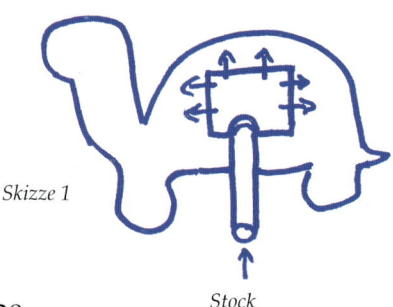

Skizze 1

Stock

21

die Schleife gelb glänzend. Schnauze und Ohren sind ockerfarben.
Der Igel wurde mit einer seidenmatten, dunkelbraunen Glasur versehen, die Nasenspitze in schwarz glänzend betont.
Der Pinguin wurde mit einer weißen und schwarzen Glanzglasur versehen, den Schnabel und die Füße haben wir in Rot bemalt.
Den Panzer der Schildkröte wurde mit einer halbtransparenten, olivgrünen

Breite 20 cm, Höhe 15 cm

Breite 20 cm, Höhe 13 cm

Flüssigglasur mit blauen Kristallen glasiert, das Schneckenhaus mit schwarzer, jadegrüner und blauer Sandstarglasur. Die Augen haben wir in Weiß und in Schwarz glänzend glasiert.
Die Brenntemperatur liegt bei 1050°.

Breite 12 cm, Höhe 20 cm

Breite 20 cm, Höhe 13 cm

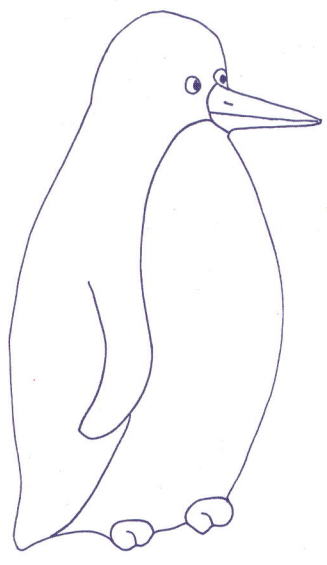

23

Baumthermometer ✳✳

Material:
▶ weißer Ton
▶ Flüssigglasur, matt, in Lindgrün und Kastanienbraun

Aus weißem Ton rollen wir eine Platte aus und schneiden uns den Baum gemäß der Abbildung aus.
Jede Menge Blätter werden ebenfalls aus einer dünnen Tonplatte tropfenförmig ausgeschnitten und mit dem Messerrücken eingeritzt.

Tipp: Im Küchenfachhandel kann man tropfenförmige Ausstechformen in verschiedenen Größen erwerben. Damit geht das Laub natürlich besonders gut zu machen. Alternativ kann man auch kleine Herz-Ausstechformen benutzen und in der gezeigten Weise einritzen (Skizze 1).

Sehr schön, aber etwas aufwendiger ist die Angelegenheit, wenn wir echte Blätter benutzen. Mit den Adern nach unten werden diese auf den Ton gerollt, abgezogen und die Konturen ausgeschnitten. Die Blätter sollten natürlich kräftige Adern haben.

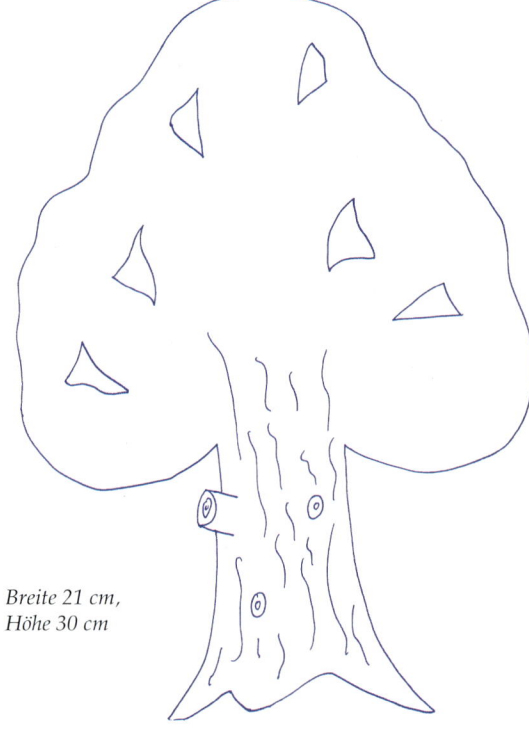

Breite 21 cm, Höhe 30 cm

Skizze 1   *Skizze 2*

 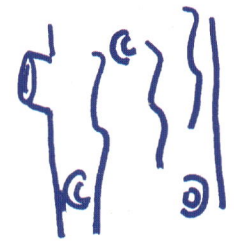

Die Blätter werden nun auf den Baum aufgeschlickert und gut angedrückt. In der Mitte kann man ein Stückchen freilassen für das Thermometer, dies muss aber nicht sein.

In den Stamm ritzen wir noch kräftige Rillen und ein paar Kreise ein (Skizze 2), den Baum lassen wir trocknen, schrühen und bemalen ihn mit lindgrüner und kastanienbrauner matter Glasur. Die Arbeit wird bei 1050° gebrannt.
Das kleine Thermometer erhält man im Baumarkt oder im Hobbyfachhandel.

Tipp: Der Baum sieht auch schön als Namensschild aus. Dann wird der Name mit Wülsten aus schwarzem Ton quer über den Baum aufgesetzt.

25

Serviettenhalter mit Tulpenmotiv ✳

Material:
❭ weißer Ton
❭ Effektglasur in Grün

Für den Serviettenhalter benötigen wir eine Schablone, die wir uns zu Beginn anlegen.

Dann legen wir diese Schablone auf eine Tonplatte und schneiden die Konturen aus. Die Blüten werden durch Nachzeichnen mit einem stumpfen Bleistift in den Ton eingedrückt.

Mit einem spitzen Messer oder einem Skalpell werden die Tulpen ausgeschnitten.

Nun benötigen wir zum Abstützen einen flachen Karton, zum Beispiel von einem Gesellschaftsspiel oder Puzzle, den

Breite 21 cm, Höhe 21 cm

Skizze 1

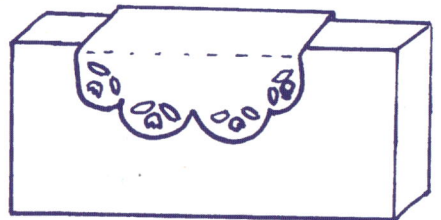

Skizze 2

wir mit einem Nylonstrumpf überziehen. Der Karton wird auf die schmale, lange Seite gestellt. Dann hängen wir unsere Tonplatte darüber (Skizze 1).

Damit sich der Serviettenhalter beim Trocknen nicht nach außen biegt, stellen wir noch zwei Flaschen links und rechts neben den Karton.

Der Serviettenhalter muss unbedingt ein paar Stunden später von dem Karton genommen und richtig herum hingestellt werden. Er klemmt sonst auf dem Karton fest. Zur Vorsicht stellen wir nochmals die beiden Flaschen neben den Serviettenhalter.

Durch die dünnen Stege, die nur noch zwischen den Tulpen stehenbleiben, kann es sehr leicht zu Rissen kommen. Das ganze Teil ist sehr empfindlich! Um

dieses Problem zu umgehen, kann man das Tulpenmotiv auch vorn und hinten in der Mitte des Serviettenhalters ausschneiden (Skizze 2).

Als Glasur haben wir eine zarte türkisgrüne Effektglasur verwendet und eine Brenntemperatur von 1050° gewählt.

Die Tulpenschale passt in Stil und Glasur zum Übertopf und zum Serviettenhalter mit Tulpenmotiv.

Tipp: In oder über eine Schale oder einen Ball gelegt, wird aus der Serviettenhalter-Schablone eine kleine Schale.

Tulpenschale ✳✳

Material:
◗ weißer Ton
◗ Effektglasur in Türkis

Zunächst müssen wir für die Form der Tulpenschale eine Schablone anfertigen, wobei wir auch den kleinen Mittelkreis und die Blüten mitberücksichtigen. Die äußeren Konturen werden ausgeschnitten.

Nun rollen wir uns eine Tonplatte aus, und zwar nicht zu dick, weil es sich um ein zartes und filigranes Motiv handelt. Beide Seiten dieser Platte sollten sehr glatt und ohne Eindrücke sein. Auf diese Platte legen wir die Schablone. Die äußeren Konturen werden ausgeschnitten, die Blüten und der Innenkreis durch Nachzeichnen mit einem stumpfen Bleistift in den Ton eingedrückt. Nun schneiden wir am besten mit einem Skalpell die Blüten sorgsam aus. Wenn man ein Messer benutzt, sollte dieses vorn sehr spitz sein.

Tipp: Natürlich kann man auch andere Motive ausschneiden oder mit Ausstechformen und/oder einem Strohhalm ausstechen.

Skizze 1

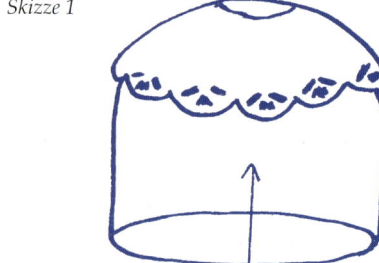

Schale oder großer Ball

Breite 31 cm, Höhe 31 cm

Dann suchen wir uns die größte runde Schale mit glatter Standfläche, die wir bei uns oder in der Nachbarschaft auftreiben können. Gut funktioniert auch ein Kinderhüpfball. Wir drehen die Schale auf die Öffnung (bzw. fixieren den Hüpfball auf einem großen Topf oder einem Papierkorb) und spannen einen Nylonstrumpf oder ein Stück Stoff möglichst glatt darüber. Dann legen wir unsere Tonplatte über diese Form, und zwar so, dass der Mittelkreis oben liegt. Wir drücken die Tonplatte vorsichtig an die Schale/den Hüpfball an. Je größer unsere Form, desto flacher wird die Tulpenschale (Skizze 1). Man kann den Rand der Schale auch in Wellen legen.

Für den Fuß schneiden wir uns einen ganz ordentlichen Tonstreifen zu, und zwar 2 cm breit und 41 cm lang. Der Ton sollte etwas dicker ausgerollt sein

(mindestens einen halben Zentimeter). Man darf auch stückeln!

Diesen Streifen stellen wir, mit Schlicker versehen, auf den Mittelkreis. Wir verstreichen den Streifen vorsichtig (eventuell noch eine kleine Wulst zur Verstärkung um den Streifen legen). Damit die Schale auch wirklich gut steht, legen wir ein Frühstücksbrett auf den Fuß und drücken ein wenig.

Wir lassen die Schale einen halben oder einen Tag auf der Form trocknen und stellen sie dann zum Weitertrocknen richtig herum hin.

Als Glasur haben wir eine zarte türkis-grüne Effektglasur verwendet und eine Brenntemperatur von 1050° gewählt. Die Tulpenschale passt in Stil und Glasur zum Übertopf und zum Serviettenhalter mit Tulpenmotiv.

29

Kleine Blumenmännchen ✳✳

Material:
▸ weißer Ton
▸ Glanzglasur in Rot, Gelb, Grün, Braun und Schwarz

Für das gelbe Blumenmännchen formen wir zunächst ein kleines Ei. An diesem Ei bringen wir an der spitzen Seite fünf bis sechs Blätter aus dünn ausgerolltem Ton an (Skizze 1), in die wir Blattadern einritzen.

Der Kopf besteht aus einer kirschgroßen Kugel, die wir mit Schlicker auf den Körper aufsetzen. Die Nase ist eine ganz kleine angeschlickerte Halbkugel, ein lachender Mund wird mit der Nadel geritzt, die Augen drückt man mit einem Großraumkuli (die Mine wird versenkt) ein. Die Haare bestehen aus dickflüssigem Schlicker.

Als Blütenblätter bringen wir am Hinterkopf rund um das Gesicht zunächst 5 kleine Kreise an (erbsengroße Tonkugeln flachdrücken), dahinter werden vier oder fünf weitere größere Kreise (Filmdose) aus ausgerolltem Ton angeschlickert. Schließlich wird noch ein Stengel angebracht. Unten in den Körper gehört noch ein Loch für den Stängel.

Tipp: Die dicken runden Holzstiele bei einigen Eissorten eignen sich prima als Stock für kleinere Blumenstecker aller Art. Also aufheben!

Glasiert wurden der Bauch und der Hut des Blumenmännchens in Sonnengelbglänzend, die Blätter in Grün, Nase und Mund in Rot, Haare und Stängel und

Skizze 1

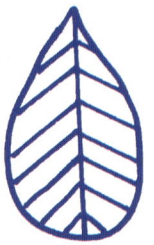

der Rand der Blütenblätter in Braun. In die Mitte der Augen haben wir einen Klecks schwarze Glanzglasur gemalt. Die Brenntemperatur liegt bei 1050°.

Das rote Blumenkind wird im Prinzip genauso geformt, nur eine Nummer kleiner.

Für den Kragen haben wir lediglich eine kleine Blumen-Ausstechform benutzt, aus der wir zwei Blätter ausgeschnitten haben (Skizze 2).

Der Hut besteht aus 6 gleich großen kleinen Kreisen, die wir am Hinterkopf anschlickern und mit einem Stängel versehen.

Statt der gelben haben wir eine rote Glanzglasur verwendet.

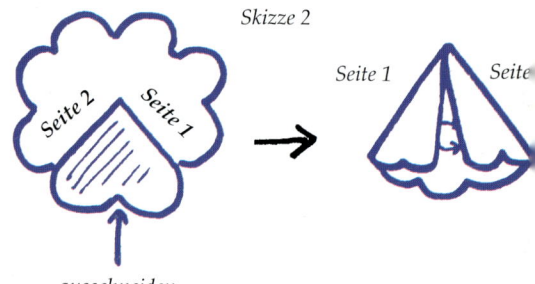

Skizze 2

Seite 1   Seite

Seite 2   Seite 1

ausschneiden

Blütenschale ✱✱

Material:
▶ weißer Ton
▶ Effektglasur in Blau und Creme

Aus weißem Ton rollen wir eine große Platte aus und schneiden uns laut Vorlagebogen die große Blüte aus. Die Blütenblätter werden bis zur Markierung eingeschnitten.
Im Haushalt suchen wir uns eine flache Schale und überziehen diese mit einem Nylonstrumpf oder legen sie mit einem Tuch aus. In diese Schale legen wir die Blütenform.
Die einzelnen Blüten werden hochgebogen und übereinander gelegt: ein Blütenblatt davor, eines dahinter. Dort, wo die Blütenblätter überlappen, werden sie eingeschlickert und aneinander gedrückt.

Breite 36 cm, Höhe 36 cm

Mit einem kurzen kleinen Borstenpinsel verstreichen wir diese Nähte und glätten rundherum die Kanten. Die Blütenschale sollte einen Tag in der Form verbleiben.

Nach dem Schrühen haben wir eine cremefarbene Glasur auf die Schale gemalt. Die Ränder wurden zusätzlich mit Blau glasiert. Die Brenntemperatur liegt bei 1050°.

Tipp: Wenn die Blütenblätter tiefer eingeschnitten werden, erhält man eine höherwandige Schale. Zum Abstützen kann man zum Beispiel einen kleinen, niedrigen Kochtopf benutzen. Eine andere Möglichkeit ist es, Marmelade- oder andere Gefäße dieser Größe zum Abstützen rund um die Schale zu stellen.

33

Frühlingsuhr ✳✳

Material:
- dunkler Ton
- Flüssigglasuren in Dunkelrot, Grün, Gelb und Blau

Breite 12 cm,
Höhe 12 cm

Wir rollen eine Platte (nicht zu dünn) aus dunklem Ton aus und legen darüber einen groben Stoff, z.B. Jute. Mit der Kuchenrolle rollen wir das Muster auf und ziehen den Stoff wieder von der Tonplatte ab. Mit Hilfe eines DIN-A4-Blattes schneiden wir die äußere Form der Uhr aus.

Auf der linken Seite der Uhr arbeiten wir eine Callablüte. Dazu formen wir zunächst zwei dünne Wülste als Stängel, die wir auf die Tonplatte durch Schlickern und Andrücken befestigen. Über den Stängeln befestigen wir ordentlich 4 längliche Blätter, in die wir zuvor ein Blattmuster einritzen. Für die Blüten schneiden wir uns zwei dünne Tonplatten in Form eines auf dem Kopf stehenden Drachens aus und fügen die beiden schmalen Seiten zusammen (Skizze 1). Abschließend befestigen wir in der Blüte noch eine Wulst als Staubgefäß.

Am unteren Rand der Uhr ist Enzian zu sehen. Zunächst formen wir aus kleinen 1/4-Kreisen 5 Tüten (Skizze 2). Die Ränder werden noch ein bisschen nach außen gedrückt. Dann schlickern wir die Blüten am unteren Bildrand an (3 in der Mitte, 2 außen). Danach schneiden wir 6 Blätter aus, ritzen beliebig Blattadern ein

und schlickern diese unten an den Enzianblättern an.

Für die Sonnenblume formen wir zunächst eine bleistiftdicke Wulst als Stiel, den wir rechts auf der Platte befestigen. Zwei herzförmige Blätter werden mit kurzen Stängeln versehen und an dem Stiel angebracht. Für die Blüte pausen wir uns vom Vorlagenbogen die kleine Sonnenblume ab, übertragen diese auf dünn ausgerollten Ton und schlickern sie auf die Uhr. In der Mitte kann man einen Kreis aufsetzen oder einfach einritzen. Die Sonnenblumenknospe besteht aus einem Halbkreis, in dem wir unten Spitzen einschneiden. Dann wird noch eine Wulst aufgesetzt, die wir in Richtung Stängel verstreichen und mit einer Gabel anrauen (Skizze 3). In der Mitte der Uhr wird ein Loch für das Uhrwerk ausgeschnitten.

Tipp: Ein Uhrwerk gibt es im Hobbyfachhandel oder beim Uhrmacher zu kaufen. Am besten, man beschafft zunächst das Uhrwerk und schneidet das Loch ca. 2 mm größer als die Zentralschraube aus (wegen der Trockenschrumpfung).

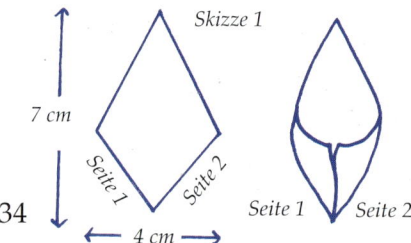

Skizze 1

7 cm

Seite 1 Seite 2

4 cm

Seite 1 Seite 2

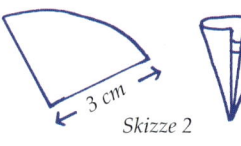

3 cm

Skizze 2

Skizze 3

34

Glasiert haben wir unsere Uhr in Dunkelrot (Calla-Blüte), 3 Grüntönen (Blätter und Stängel), Gelb (Sonnenblume) und Blau (Enzian). Der Mittelkreis der Sonnenblume und der Hintergrund bleiben unglasiert. Beim Glasurkauf sollte man darauf achten, dass die Glasuren auch auf dunklem Ton decken.

Tütenampeln ✳✳

Material:

▶ roter Ton
▶ Flüssigglasuren in Dunkelrot, Grün, Gelb und Blau

Mit Hilfe einer größeren Schüssel oder eines Tellers schneiden wir uns einen Kreis von mindestens 28 cm Durchmesser aus einer 4-5 mm dicken roten Tonplatte aus und halbieren diesen mit einem Lineal oder einem anderen geraden Gegenstand.
Nachdem die Halbkreise zwischen Zeitungspapier eine Stunde angetrocknet sind, formen wir daraus zwei Tüten (Skizze 1) und stellen diese auf die Öffnung.

Skizze 1

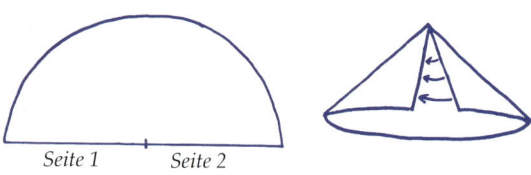

Seite 1   Seite 2

An den Rändern bohren wir 3-4 Löcher mit einem dickeren Strohhalm.
Schließlich formen wir noch für jede Tüte pro Loch eine kirschgroße Tonkugel und durchbohren diese mit dem Strohhalm.

Als Verzierung eignen sich Ausstechformen aller Art. Wir haben für eine Tütenampel Blumen aus dünn ausgerolltem Ton ausgestochen, in die wir noch Kerben eingeritzt und Kugeln in der Mitte aufgesetzt haben. Für die linke Ampel haben wir ein Tulpenmotiv aus einer dünnen Tonplatte ausgeschnitten und mit Schlicker vorsichtig an die Ampel angedrückt (Skizze 2).

Skizze 2

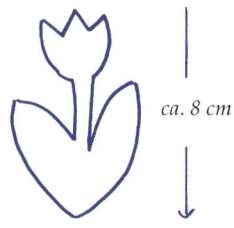

ca. 8 cm

Blumenausstechform

Nach dem Schrühbrand werden die Blumen mit einer royalblauen und einer jadegrünen Sandstarflüssigglasur zweimal bemalt. Innen haben wir eine farblose Glanzglasur verwendet. Die Ampeln werden bei 1060° gebrannt.

Die Tütenampeln werden aufgehängt, indem Lederschnüre durch die Löcher in der Ampel und in der Kugel gefädelt werden.

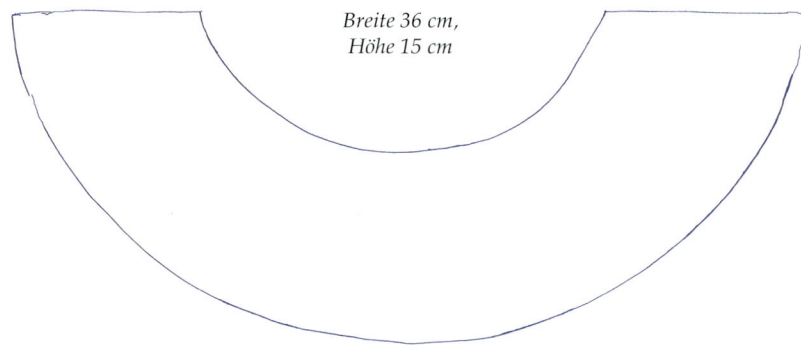

Breite 36 cm, Höhe 15 cm

37

Margerite ✳✳✳

Material:
◗ weißer Ton
◗ Glanzglasur in Weiß und Sonnengelb

Wir fertigen uns wiederum eine kleine und große Schablone an. Dann legen wir die Schablonen auf ein nicht zu dünn ausgerolltes Stück weißen Ton und schneiden die Konturen und den Kreis in der Mitte aus.

Danach wird die kleinere Margerite auf die größere Form geschlickert.
Mit Hilfe eines Kaffeebechers oder einer anderen runden Form von ca. 8-10 cm Durchmesser schneiden wir uns einen Tonkreis aus, den wir über einen kleinen Ball drücken, sodass eine flache Halbkugel entsteht. Am besten eignet sich ein alter Tennisball. Wenn Sie einen anderen Plastikball benutzen, muss dieser mit einem Nylonstrumpf überzogen werden, damit der Ton nicht anklebt. Diese Halbkugel wird in der Mitte der

Breite 22 cm, Höhe 22 cm, Breite 29 cm, Höhe 22 cm

Skizze 1

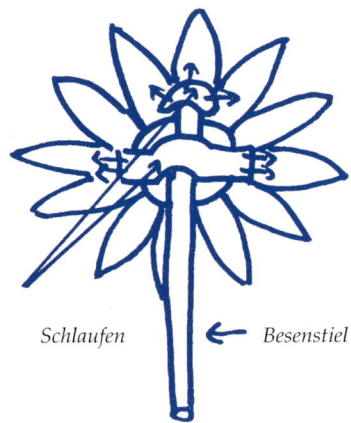

Schlaufen ← *Besenstiel*

Margerite gründlich angebracht, am besten durch Anschlickern und Verstreichen. Mit einem Strohhalm oder einer Handbürste erhält die Halbkugel noch ein Muster.

Schließlich nehmen wir uns einen Suppenteller, den wir mit einem Nylonstrumpf überziehen, damit der Ton nicht anklebt. In diesen Teller legen wir die Margerite, und zwar mit der Halbkugel nach unten.

Nun haben wir die Rückseite der Blume vor uns, an die wir zwei Schlaufen von ca. 8 x 4 cm aus Ton anbringen. Diese Schlaufen müssen so angesetzt werden, dass nach dem Trocknen und Glasieren ein Stiel hindurch passt (Skizze 1). Die preiswerteste Lösung ist übrigens ein Besenstiel.

Wir lassen die Margerite in dem Teller trocknen und glasieren sie nach dem Schrühbrand mit einer weißen und einer sonnengelben Glanzglasur. Mit einer gelben Glasur außen und einer matten braunen Glasur innen entsteht eine Sonnenblume. Die Brenntemperatur beträgt wie üblich 1050°.

Vogeltränke ✳✳✳

Material:
▸ weißer Ton
▸ Flüssigglasur in Schwarz, Anthrazit, Blau und Creme

Zunächst rollen wir eine größere Tonplatte aus, ca. 35 bis 40 cm im Durchmesser. Die Platte sollte möglichst gleichmäßig dick sein, dann ist die Gefahr des Reißens beim Trocknen und Brennen nicht so groß. Dann schneiden wir rundherum ca. 1 cm ab, und legen diese Platte auf ein großes Brett.

Die Ränder werden nun nach oben gebogen und mit zusammengedrehtem und zusammengeknülltem Zeitungspapier abgestützt. Dabei ist darauf zu achten, dass der Rand soweit hochgebogen wird, dass die Vogeltränke ausreichend Wasser fasst.

Als Dekoration für die Tränke haben wir kleine Seehunde geformt, die schnell angefertigt sind und sich auch als kleines Mitbringsel sehr gut eignen. Zunächst modellieren wir für den Körper einen ca. 10 cm langen Tropfen, dessen spitzes Ende wir mit Daumen und Zeigefinger flachdrücken. In der Mitte des flachgedrückten Teils wird ein Dreieck ausgeschnitten, und es entstehen zwei Schwanzflossen, die wir noch je dreimal einkerben (Skizze 1) und etwas zur Seite biegen.

Für die Seitenflossen benötigen wir zwei flache längliche Tropfen, die wir mit der Spitze nach oben beiderseits am Körper gut anschlickern und verstreichen (Skizze 2). Die runden Seiten werden nach außen gedrückt.

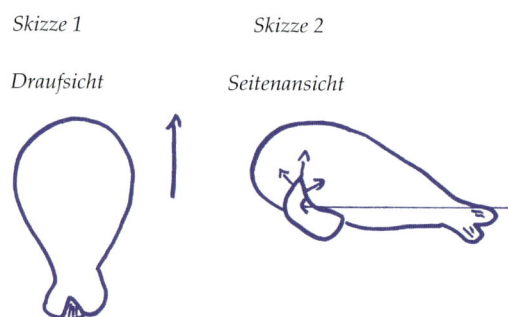

Skizze 1

Draufsicht

ausschneiden

Skizze 2

Seitenansicht

Für den Kopf formen wir zunächst eine kirschgroße Kugel, von der wir eine kleine Scheibe abschneiden und dem Bild entsprechend auf den Körper aufsetzen (Skizze 3).

Für die Schnauze formen wir zunächst zwei ganz kleine Kugeln, die wir vorn am Kopf anschlickern. Die Nase ist eine etwas größere Kugel, die wir über der Schnauze anbringen und in Richtung Stirn verstreichen. Für die Augen

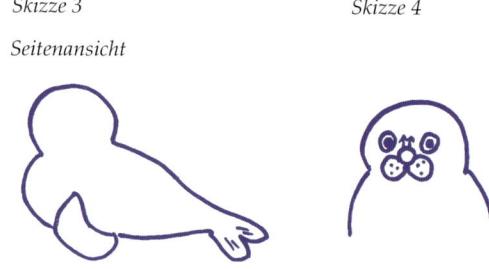

Skizze 3

Seitenansicht

Skizze 4

drücken wir relativ dicht an der Schnauze zwei Vertiefungen ein, etwa mit einem dicken Buntstift, in denen wir zwei kleine Kugeln anschlickern (Skizze 4).

40

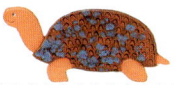

Tipp: Schöne Augen kann man auch mit einem Großraumkugelschreiber machen: Mine versenken und dann einfach eindrücken.

Der kleine Seehund wird wie der große Seehund getöpfert. Der Kopf darf im Verhältnis zum Körper etwas größer sein, ebenso die Augen im Verhältnis zum Kopf. Die Seehunde gut auf der Tränke festschlickern. Kleine Tonkügelchen können noch zu Steinhaufen zusammengesetzt werden. Fertig.

Die gesamte Tränke wurde in einer blauen Glasur mit schillernden Effekten bemalt, der große Seehund mit einer anthrazit-schillernden Glasur und der kleine in einer cremefarbenen mit kleinen Punkten. Die Augen und Nasenspitzen sind schwarz glänzend. Die Brenntemperatur lag bei 1050°.

Tipp: Es empfiehlt sich, die Tränke im Winter hereinzuholen, weil die Kleinteile bei Frost zum Abplatzen neigen.

Pflanztasche ✳✳✳✳

Material:
▶ roter Ton
▶ Flüssigglasur in Perlmuttweiß

Wir beginnen wiederum mit dem Anfertigen von Schablonen.
Aus rotem Ton rollen wir eine größere Platte aus, ca. 1/2 cm dick. Aus dieser Platte schneiden wir das Rückenteil der Pflanztasche entsprechend aus. Aus einer weiteren Platte gleicher Größe schneiden wir das Vorderteil aus.

Nun benötigen wir etwas, womit wir das Vorderteil abstützen können, damit es nicht zusammensackt. Dafür benutzen wir eine Styroporhalbkugel von ca. 20 cm Durchmesser und legen diese auf das Rückenteil, und zwar unten, wo die Tasche entstehen soll. Als Alternative zu der Styroporhalbkugel kann man auch einen Nylonstrumpf mit zusammengeknülltem Zeitungspapier ausstopfen, sodass ein halbkugelartiges Gebilde entsteht.

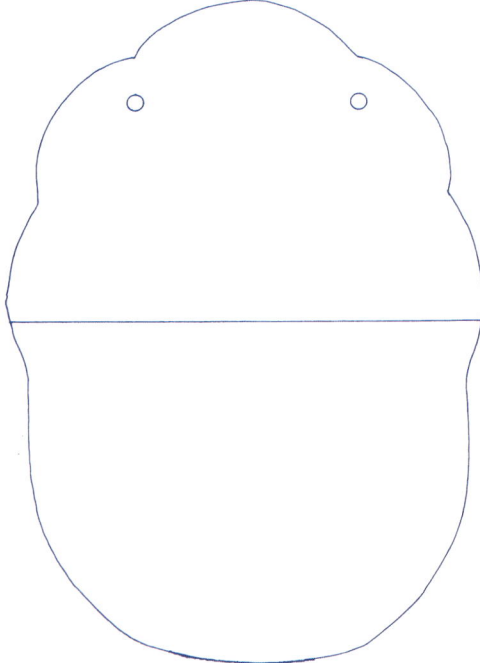

Breite 26 cm, Höhe 36 cm

Skizze 1

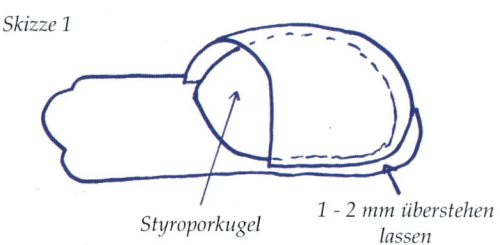

Styroporkugel   1 - 2 mm überstehen
lassen

Skizze 2

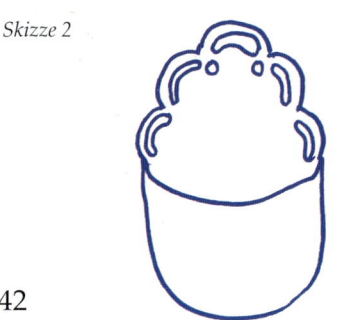

Über diese Halbkugel breiten wir das Vorderteil, der keilförmige Ausschnitt muss unten sein. Die Tonplatte wird an die Halbkugel angedrückt. Die Kanten sollten so aufsitzen, dass noch 1 bis 2 mm des Rückenteiles überstehen (Skizze 1). Der Keil wird durch das Andrücken automatisch geschlossen, die Naht muss ordentlich verstrichen werden. Danach rauen wir die Nahtstellen zwischen Rückenteil und Vorderteil mit der Gabel auf und streichen alles mit dem Küchenmesser schön glatt. Die Halbkugel muss ziemlich bald entfernt werden, weil sie sonst durch das Trocknen in der Pflanztasche steckenbleibt. Die Pflanztasche sollte dann noch mit geknülltem Zeitungspapier oder alten Lappen ausgestopft werden, damit sie nicht zusammensackt.

Als Verzierung können noch Wülste auf das Rückenteil aufgesetzt und ange-drückt werden (Skizze 2). Und die Löcher zum Aufhängen nicht vergessen! Wir haben die Pflanztasche mit einer muschelweißen, perlmuttartig schillern-den Glasur versehen. Gebrannt wird bei 1060°.

Tipp: Beim Trocknen sollte die Pflanzta-sche unbedingt mit einer Folie abge-deckt werden, damit das Vorderteil nicht durch zu schnelles Trocknen ein-reißt.

RÖHRENFORMEN

Übertopf mit Tulpenmotiv ✱✱

Material:
◗ weißer Ton
◗ Effektglasur in Türkis

Zunächst nehmen wir uns eine Röhre von ca. 10 cm Durchmesser (z.B. Teppichröhre oder ein Einweckglas) und messen den Umfang dieser Form mit einem Maßband.

Wir nehmen uns einen Bogen Zeitungspapier und schneiden uns eine rechteckige Schablone aus, das ca. 13 cm hoch ist und die Länge des gemessenen Umfangs + 1 cm. Dann falten wir diese Schablone 2-mal quer in der Mitte (Skizze 1).

Mit einer scharfen Schere schneiden wir einen Bogen in die gefaltete Schablone und falten diese auseinander (Skizze 2). Diese Schablone schneiden wir aus einer Tonplatte aus. Der Ton darf recht dünn ausgerollt sein, passend zu diesem zarten Motiv.

Als nächstes pausen wir uns vom Vorlagenbogen die Tulpenschablone von der Tulpenschale ab. Diese Schablone legen wir an jeden Bogen unserer Tonplatte einmal an, übertragen das Motiv und schneiden die Blüten und Blätter aus, am besten mit einem Skalpell.

Dann rollen wir diese Tonplatte um die Röhrenform und stellen entsprechend der Beschreibung unter dem Kapitel „Röhrentechnik" (S. 14) den Übertopf her.

Als Glasur haben wir eine zarte türkisgrüne Effektglasur verwendet und eine Brenntemperatur von 1050° gewählt. Die Tulpenschale passt in Stil und Glasur zum Übertopf und zum Serviettenhalter mit Tulpenmotiv.

Skizze 1

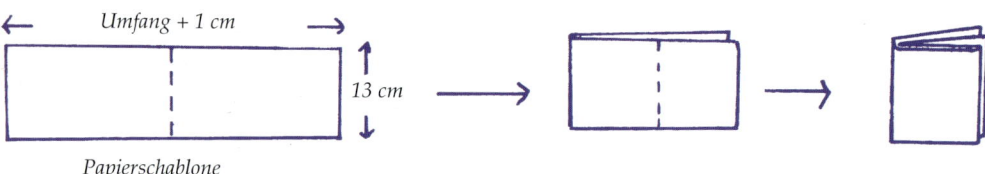

Papierschablone

Skizze 2

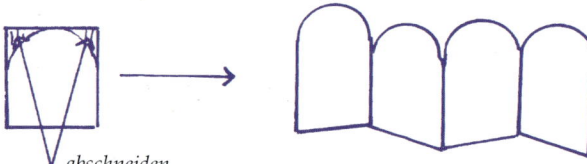

abschneiden

Duftlampe ***

Material:
▸ roter Ton
▸ Sandstarglasuren in Royalblau und Jadegrün sowie farblos

Als Material benötigen wir wieder eine mit einem Nylonstrumpf bezogene Röhre von ca. 10 cm Durchmesser (z.B. eine Teppichrolle, Teedose, Saftflasche). Mit einem Bandmaß messen wir den Umfang unserer Röhrenform (der dürfte so zwischen 30 und 37 cm liegen) und schneiden uns aus einer roten Tonplatte ein Rechteck von der gemessenen Länge + 1 cm und einer Höhe von ungefähr 12 cm aus. Dieses Rechteck wickeln wir um die Röhrenform und verstreichen die Stoßkanten miteinander, sodass der Tonmantel unten mit der Röhrenform abschließt (Skizze 1).

Skizze 1

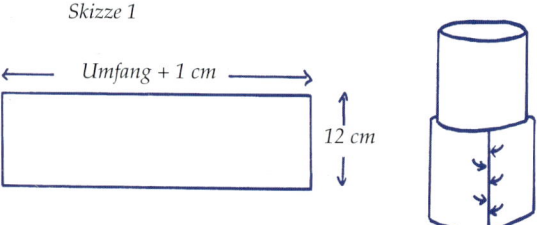

Die Röhre mit Tonmantel stellen wir auf ein Stück ausgerolltem Ton und schneiden mit ca. 2 mm Zugabe rundherum, sodass ein Tonkreis für den Boden entsteht. Wir fassen mit dem Messer ein bisschen unter den Boden und verstreichen dann den überstehenden Ton der Bodenplatte an der Tonröhre in Richtung Rand.
Ein weiteres Mal stellen wir die Röhre mit Tonmantel auf ein Stück ausgerolltem Ton und schneiden mit ca. 3-4 mm Zugabe rundherum, sodass ein Tonkreis

für Tonschale entsteht. Nun wird unsere Röhrenform aus der Tonröhre herausgezogen.
Der obere Rand der Röhrenform wird mit Schlicker versehen, wir legen unseren Tonkreis darauf und verstreichen den überstehenden Teil, wie beim Boden. Das geht leichter, wenn die Tonröhre schon ein bisschen angetrocknet ist. Ganz vorsichtig streichen wir nun mit den Fingerspitzen eine Vertiefung aus.
Man kann auch eine abnehmbare Schale töpfern. Das ist nicht so aufwendig und lässt sich außerdem besser abwaschen.
Als Abschluss setzen wir noch eine Tonwulst auf den Rand auf.
Dann legen wir eine weitere Wulst torbogenförmig an die schönste Seite der Tonröhre. Diese Wulst muss gründlich eingeschlickert und angedrückt werden. In diesen Bogen schlickern wir zwei Tulpen, die wir aus einem dünnen Stück Ton ausschneiden (Skizze 2). Mit einem Strohhalm stechen wir Löcher rund um die Blumen.
Zum Schluss schneiden wir auf der Rückseite einen Halbkreis aus, durch den wir problemlos ein Teelicht in die Duftlampe schieben können.
Die Schale haben wir farblos glasiert, für die Wulst um die Blumen, die Blüten und die Blätter haben wir die Sandstarglasuren Royalblau und Jadegrün verwendet. Die Brenntemperatur beträgt 1050° oder höher.

Skizze 2

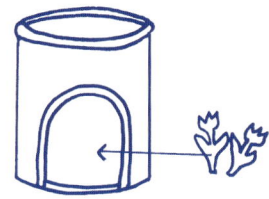

47

Vase mit Blütenkranz ✳✳✳

Material:
◗ weißer Ton
◗ Flüssigglasur in Creme und Blau

Als Material benötigen wir wieder eine mit einem Nylonstrumpf bezogene Röhre von ca. 10 cm Durchmesser (z.B. eine Teppichrolle, Teedose), die mindestens 20 cm hoch sein sollte.

Mit einem Bandmaß messen wir den Umfang unserer Röhrenform (der dürfte so zwischen 30 und 37 cm liegen) und schneiden uns aus einer Tonplatte ein Rechteck von der gemessenen Länge + 1 cm und einer Höhe von ungefähr 20 cm aus. Mit diesem Rechteck formen wir nach der Anleitung im Kapitel „Röhrentechnik" Seite 14 ein Gefäß. In die Röhre legen wir innen noch eine kleine Wulst auf den Boden, die wir ordentlich verstreichen, damit unsere Vase dicht wird.

Wir legen uns nun eine Schablone für die kleine Blütenform an und schneiden diese Form aus einem dünn ausgerollten Stück Ton aus.

Diese Form legen wir vorsichtig auf das Röhrengefäß. Mit dem Finger drücken

wir die Blütenform behutsam auf den Rand des Gefäßes, schneiden den Innenkreis aus und verstreichen ordentlich die Naht zwischen Rand und Blütenkranz (Skizze 1).

Im Prinzip ist die Vase jetzt fertig. Die Blütenblätter können noch etwas nach außen gebogen werden, alles sollte schön glatt und ordentlich sein.

Wir haben die Vase in einer cremefarbenen Glasur bemalt. Die Ränder der Blütenblätter haben wir noch zusätzlich mit einer blauen Glasur bemalt. Bei 1050° wird gebrannt.

Die Vase passt in Stil und Glasur zu der Blütenschale. Beide Teile zusammen sind sehr dekorativ.

Tipp: Die kleine Blütenform kann natürlich auch zu einem Schälchen verarbeitet werden (siehe Blütenschale). Als Stütze benutzt man dann einen flachen Dessertteller. Ein solches Schälchen ist schnell gearbeitet und, mit ein paar Süßigkeiten gefüllt, ein nettes kleines Mitbringsel.

Skizze 1   ausschneiden

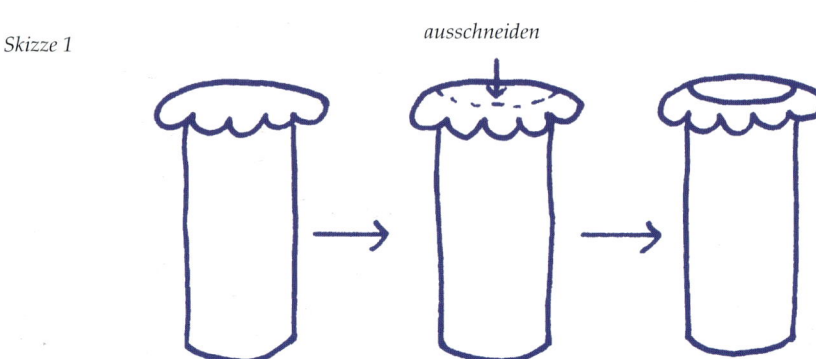

Kräuterbeet ✳✳✳

Material:
▶ roter Ton
▶ Sandstarglasuren in Schwarz, Pink, Apricot, Royalblau und Jadegrün

Für das Kräuterbeet benötigen wir zwei Einweckgläser oder Papprohren (z.B. aus dem Teppichgeschäft) von ca. 10 cm Durchmesser, die wir mit einem Nylonstrumpf überziehen, damit der Ton nicht daran festklebt.

Dann fertigen wir uns eine Schablone für den Boden: ein Rechteck von 13 x 30 cm, dessen Ecken wir abrunden (Skizze 1). Aus einem ca. 1/2 cm dick ausgerollten Stück rotem Ton schneiden wir diese Form als Boden aus.

Danach rollen wir wieder Ton in gleicher Dicke aus und schneiden zwei Rechtecke von je 35 x 11 cm zu. Ein Rechteck legen wir beiseite und lassen es etwas antrocknen. Dann pausen wir den Schriftzug auf Architektenpapier oder Transparentpapier. Auf das andere Rechteck übertragen wir den Schriftzug „Kräuterbeet", indem wir das Architektenpapier auflegen und mit einem stumpfen Bleistift oder einem Schaschlikspieß den Schriftzug nachziehen, sodass er sich auf den Ton durchdrückt. Danach die Schablone Abnehmen und nachritzen.

Tipp: Zum Ritzen eignet sich gut ein Schaschlikspieß, ein Holzzahnstocher oder auch ein Kugelschreiber. Manchmal bilden sich beim Ritzen kleine Krümel. Diese kann man nach einigen Tagen prima mit etwas Schmirgelpapier entfernen.

Skizze 1

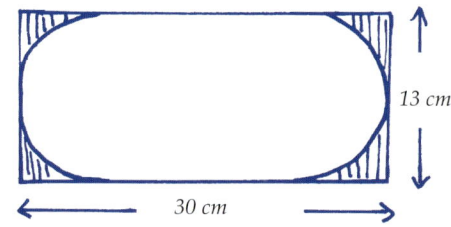

13 cm

30 cm

Nun werden die Platten zusammengesetzt. Das funktioniert am besten, wenn alle Teile schon ein wenig angetrocknet sind. Zunächst setzen wir die Einweckgläser oder Papprollen auf den Boden, und zwar links und rechts außen, ca. 1 cm vom Rand entfernt (Skizze 2). Dann stellen wir unsere Rechtecke auf die langen Seiten des Bodens, sodass der Boden noch einige Millimeter übersteht. Die Röhren dienen uns als Stützen (Skizze 3). Schließlich verbinden wir

Skizze 2

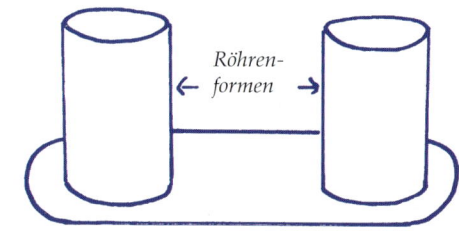

Röhren-formen

Skizze 3

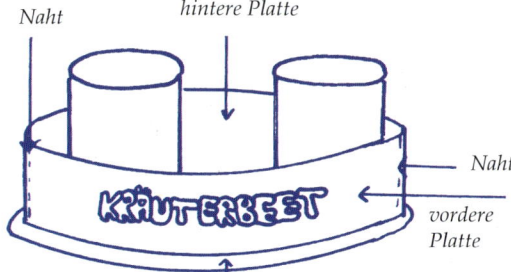

Naht

hintere Platte

Naht

vordere Platte

den Boden an der Gefäßwand verstreichen

beide Rechtecke an den Stoßkanten durch gründliches Verstreichen. Danach fassen wir rund um das Gefäß mit dem Küchenmesser unter den Boden und ziehen nach und nach den überstehenden Teil des Bodens nach oben, als ob wir Butter auf ein Brot streichen. Schließlich entfernen wir die Röhren aus dem Gefäß und versäubern unser Kräuterbeet auch innen, indem wir mit einem Schlickerpinsel zwischen Boden und Wand entlangfahren. Die Stoßkanten der beiden Rechtecken müssen ebenfalls von innen verstrichen werden.

Tipp: Die sicherste Methode ein Gefäß trotz niedriger Brenntemperaturen „dicht" zu bekommen ist eine kleine

Tonwulst zwischen Boden und Wand, die dann ordentlich verstrichen wird. Wer mag, kann noch mit nassem Daumen und Zeigefinger am Rand entlang fahren, der sich dadurch ein wenig nach außen biegt.

Beim Trocknen muss das Kräuterbeet unbedingt mit einer Plastikfolie abgedeckt werden, weil die Ränder leicht einreißen, wenn der Trocknungsprozess zu schnell abläuft.

Auch hier haben wir wieder Sandstarglasuren benutzt, und zwar in Schwarz als Grundglasur, dann in Pink, Apricot, Royalblau und Jadegrün für den Schriftzug.

Breite 30 cm,
Höhe 8 cm

Großer Schuh ✳✳✳✳

Material:
◗ weißer Ton
◗ Metallicglasur in Grün

Wir schneiden uns aus Zeitungspapier eine Schablone aus, die ungefähr die Form einer Schuhsohle besitzt (Skizze 1). Danach rollen wir uns auf einem alten Handtuch oder einer alten Tischdecke Ton aus, ca. 1/2 cm dick. Aus dieser Platte schneiden wir die Schuhsohle der Schablone entsprechend aus und legen sie zwischen Zeitungspapier zum Antrocknen.

Für das Vorderteil (d.h. die Schuhspitze und die Lasche) benötigen wir ebenfalls eine Schablone, und zwar in Eiform (Skizze 2). Aus ca. 1/2 cm dick ausgerolltem Ton schneiden wir wiederum eine Tonplatte in Größe dieser Schablone zu und lassen diese dann zwischen Zeitungspapier antrocknen.

Für das Fersenteil schneiden wir eine rechteckige Tonplatte in gleicher Dicke zu und runden die oberen Ecken etwas ab (Skizze 3). Auch diese Platte lassen wir etwas antrocknen.

Nun kommt das Zusammensetzen. Dazu benötigt man als Hilfsmittel eine Waschmitteltonne, einen Papierkorb oder ähnliches von 20-21 cm Durchmesser.

Als weiteres Hilfsmittel benötigen wir noch zusammengeknülltes Zeitungspapier, etwa in der Form eines halben Fußballs. Damit wird das Vorderteil ausgepolstert, sodass eine Wölbung entsteht (Skizze 4).

Dieser gewölbte Teil wird mit dem Zeitungspapier auf die Schuhsohle gesetzt. Zuvor werden die Stellen, auf denen das Vorderteil aufgesetzt wird, mit reichlich Schlicker eingestrichen (Skizze 5).

Die Nahtstelle zwischen Sohle und Vorderteil wird mit einer Gabel angeraut und dann wieder glattgestrichen. Dadurch werden Sohle und Vorderteil fest miteinander verbunden (Skizze 6).

Danach wird die Waschmitteltonne auf den hinteren Teil der Sohle, etwa 1 cm vom Rand entfernt, aufgesetzt. Die Lasche wird hoch gebogen (Skizze 7).

Um die Tonne herum wird das Fersenteil auf die Schuhsohle aufgestellt, deren Rand zuvor mit Schlicker versehen wird. Die abgerundeten Ecken zeigen nach oben (Skizze 8). Beide Teile wer-

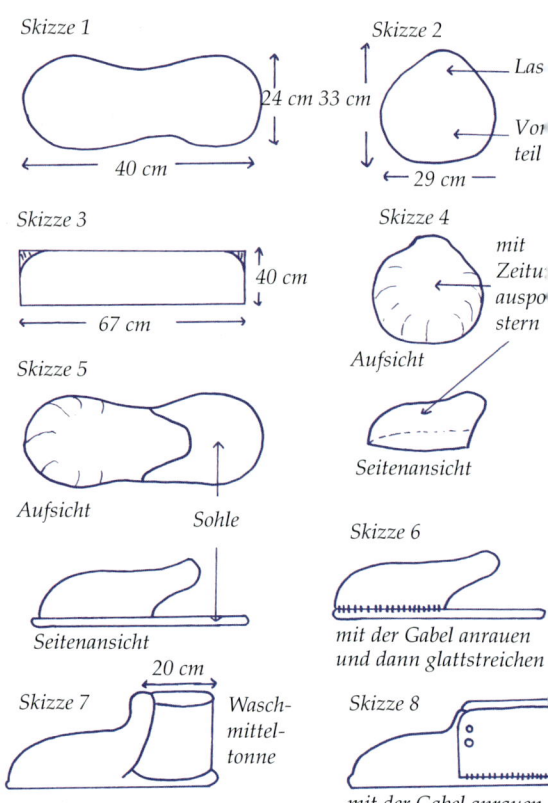

Skizze 1

24 cm 33 cm

← 40 cm →

Skizze 2

Las

Vor teil

← 29 cm —

Skizze 3

40 cm

← 67 cm →

Skizze 4

mit Zeitu auspo stern

Aufsicht

Seitenansicht

Skizze 5

Aufsicht   Sohle

Seitenansicht

Skizze 6

mit der Gabel anrauen und dann glattstreichen

Skizze 7

20 cm

Waschmitteltonne

Skizze 8

mit der Gabel anrauen und dann glattstreichen

den wieder miteinander verbunden, indem die Naht mit einer Gabel aufgeraut und danach glatt gestrichen wird. Die Tonne kann nun entfernt werden. Lasche und Fersenteil werden von innen noch etwas verstrichen.

Nun ist der Schuh im Prinzip fertig. Wer mag, kann noch Verzierungen anbringen, zum Beispiel:

Nähte: Man schneidet 1 cm breite Tonstreifen zu, schlickert diese an den Rändern an und drückt sie gut fest.

Flicken: Ein quadratisches Stück Ton wird auf dem Vorderteil des Schuhs angeschlickert und mit Nähfäden verse-

hen, die wiederum aus 1 cm langen, dünnen Tonwülsten bestehen. In das Rechteck werden kleine Vertiefungen gedrückt, z.B. mit einem Pinselstiel, in denen dann die „Nähfäden" angebracht werden.

Schnürbänder: Mit einem Strohhalm werden Löcher vorn in das Fersenteil gebohrt. Durch diese kann ein langes Lederband gezogen werden.

Wir haben den Schuh mit einer grünen Metallicglasur glasiert.

Tipp: Man kann den Schuh natürlich auch in anderen Größen herstellen.

KUGELFORMEN

Sonnenkugel ✷✷✷

Material:
- weißer Ton
- Flüssigglasur in Sonnengelb, Sandstarglasur in Royalblau

Für die Sonnenkugel haben wir zwei Styroporhalbkugeln von 15 cm Durchmesser benutzt. Die Tonkreise, die darüber gedrückt werden, haben ca. 20 cm Durchmesser (z.B. eine große Abdeckplatte für Elektroherde). Mit weißem Ton stellen wir uns eine Kugel her (wie unter dem Kapitel „Kugeltechnik" Seite 13 beschrieben), die nicht ganz rund, sondern ein bisschen diskusartig geklopft werden sollte. Dann legen wir die Kugel einen Moment an einen warmen Ort und formen zunächst den Stiel.

Dafür schneiden wir ein Rechteck aus ausgerolltem Ton, ungefähr 14 x 4,5 cm

Skizze 1

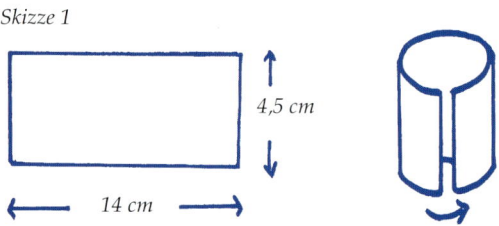

4,5 cm

14 cm

groß, und formen daraus eine Röhre (Skizze 1). Die Kugel passt dann gut auf einen Besenstiel. Hilfreich ist es, wenn man einen runden Gegenstand hat, der etwas dicker ist als ein Besenstiel (der Ton schrumpft beim Trocknen!), um den man das Rechteck locker rollen kann. Die Röhre legen wir zunächst beiseite, damit sie etwas antrocknen kann.

Für die Sonne legen wir uns eine Schablone an, legen diese auf die schönste flache Seite der Kugel und übertragen die inneren und äußeren Linien mit einem nicht zu spitzen Gegenstand. Dann rollen wir uns dünne Wülste und legen diese um die äußeren Konturen der Sonne. Gut einschlickern und andrücken! Die inneren Konturen können noch etwas tiefer eingedrückt werden.

Tipp: Die Sonne kann auch für sich allein als Blumenstecker, als Relief oder, wenn man die Schablone mit einem Fotokopierer verkleinert, als Geschenkanhänger dienen.

Danach bringen wir den Stiel unten an der Kugel an (aufpassen, dass sich dabei nichts verformt!). Zuvor schneiden wir

Breite 18 cm
Höhe 18 cm

unten in die Kugel ein Loch, etwas kleiner als der Durchmesser der Röhre. Den Stiel gut mit der Kugel verstreichen, und zwar innen und außen, eventuell noch eine kleine Wulst zur Verstärkung mit verstreichen. Damit man die Sonnenkugel problemlos brennen kann, muss sie auf dem Stiel stehen können, das heißt, der Stiel sollte wirklich ordentlich und nicht zu dünn gearbeitet sein.
Zum Trocknen stellen wir die Sonnen-

kugel allerdings in ein Gefäß, dessen Ränder wir mit etwas Stoff oder Papier polstern, damit es keine Druckstellen gibt.

Die Sonne wurde in Sonnengelb glänzend glasiert, alles andere in einem Royalblau. Schön sieht es auch aus, wenn um den Stiel noch einige farblich abgestimmte Schleifen geschlungen werden.

Vase mit Schleife ✳✳✳

Material:
◗ weißer Ton
◗ Flüssigglasur in Perlmuttweiß

In der im Kapitel „Kugeltechnik" beschriebenen Weise stellen wir uns eine Kugel her. Die verwendeten Styroporhalbkugeln haben einen Durchmesser von 15 cm. Der Tonkreis hat etwa 20 cm Durchmesser (Frühstückstellergröße).

Für die Öffnung markieren wir uns auf der Kugel einen Kreis von ca. 9 cm Durchmesser. Auf diese Markierung setzen wir einen Steg von 30 cm Länge und 3 cm Höhe. Dieser Steg muss angeschlickert und außen gut verstrichen werden. Mit einem scharfen Messer wird der Kreis als Vasenöffnung ausgeschnitten und wir verstreichen die Ränder sehr ordentlich.

Für die Schleife benötigen wir zunächst zwei Tonstreifen von 11 x 3 cm, die wir zu einem Tropfen formen und an den Vasensteg anschlickern. Dort, wo beide Schleifenteile aneinander stoßen, legen wir eine kleine Wulst auf, die wir in Pfeilrichtung etwas verstreichen (Skizze 1).

Die Bänder bestehen ebenfalls aus zwei Tonstreifen von 11 x 3 cm, die wir an den Enden anschrägen und der Länge nach etwas zusammendrücken. Am oberen Ende drücken wir kräftiger, damit schöne Falten entstehen. Diese beiden Bänder schlickern wir unmittelbar unter der Schleife an.

Tipp: Mit einem kleinen Borstenpinsel kann man Unebenheiten schön ausstreichen.

Die Vase wird mit einer muschelweißen perlmuttartig schillernden Glasur versehen und bei 1060° gebrannt.

Skizze 1

57

Kürbis ✳✳✳

Material:
◗ weißer Ton
◗ Glanzglasur in Orange, Effektglasur in Grün

Wir rollen eine etwa 1/2 cm dicke Platte (z.B. aus weißem Ton) und schneiden zwei Tonkreise mit einem Durchmesser von 27 cm (handelsübliche Plastikschüssel) aus und fertigen eine große Kugel mit Hilfe von zwei Styroporhalbkugeln von 20 cm Durchmesser (Fußbälle gehen auch, dann dürfen die Tonkreise etwas größer sein).
Soll der Kürbis unglasiert bleiben, empfiehlt sich roter Ton.

Wir klopfen der Kugel eine Standfläche. Danach drücken wir oben eine Vertiefung in die Kugel. Mit einer Holzleiste drücken wir Vertiefungen senkrecht in den Kürbis. Diese dürfen ruhig ungleichmäßig sein, wie eben in der Natur (Skizze 1).

Der Stängel besteht aus einer viereckigen Wulst, die nach oben dünner und abgeschrägt wird (Skizze 2). Dieser Stengel wird sehr ordentlich in der Vertiefung des Kürbisses angeschlickert. Wer mag, holt sich noch ein herzförmiges größeres Blatt mit ausgeprägten Adern aus dem Garten, rollt es mit den Adern nach unten in eine Tonplatte ein, schneidet die Konturen aus und bringt das Blatt am Stängel und/oder direkt am Kürbis an.
Der Kürbis kann so belassen oder glasiert werden.

Wer ein Windlicht daraus machen möchte, schneidet noch Augen, Nase und Mund aus: Die Augen sind ein auf der Spitze stehendes Quadrat, ca. 3 x 3 cm groß. Die Nase besteht aus einem Tropfen, von ca. 6 cm Länge und 3 cm Breite (Skizze 3). Für den Mund fertigen wir uns eine Schablone an, schneiden sie aus, legen sie auf den Kürbis und schneiden mit einem scharfen Messer oder einem Skalpell drumherum. Der Kürbis sollte schon schön angetrocknet sein, damit er nach dieser Aktion nicht zusammensackt.

Die Öffnung für die Kerze oder das Teelicht hat die Form eines Torbogens und sollte nicht zu klein sein.

Glasiert haben wir unseren Kürbis in einer orangefarbenen Glanzglasur, die Blätter und der Stängel in einer kräftig grünen Effektglasur.

Skizze 1

Skizze 2

Skizze 3

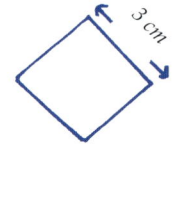

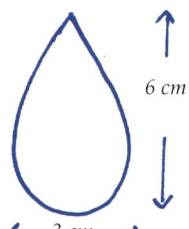

3 cm

6 cm

3 cm

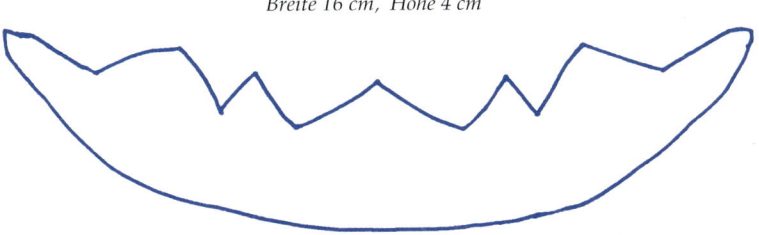

Breite 16 cm, Höhe 4 cm

Frühlingsdose ✳✳✳

Material:
▶ weißer Ton
▶ Flüssigglasur in Weiß, Sonnengelb, Rot, Dunkelgrün, Braun und Blau
▶ Braunstein

In der im Kapitel „Kugeltechnik" beschriebenen Art und Weise stellen wir eine Tonkugel her. Die verwendeten Styroporhalbkugeln haben einen Durchmesser von 15 cm. Der Tonkreis hat etwa 20 cm Durchmesser (etwa die Größe eines Frühstückstellers).

Um diese Kugel, die ruhig schon schön angetrocknet sein kann, legen wir wellenförmig zwei Wülste, die wir in Pfeilrichtung verstreichen (Skizze 1).

Auf den unteren Wellen wird die Landschaft aufgeschlickert. Häuser, Bäume und Büsche bestehen aus einfachen Formen: Rechtecke, Dreiecke, Kreise, Trapeze und Ellipsen. Fenster und Türen werden eingeritzt. In die Bäume und Büsche drücken wir mit einem Pinselrücken

oder etwas Ähnlichem Vertiefungen ein. Die Baumstämme bekommen Rillen. Die Dächer kleine Vertiefungen mit Nadeln (Skizze 2).

Wir haben 5 Häuser, 6 Bäume und 3 Büsche auf der unteren Wulst rund um die Kugel verteilt angebracht.
Die kleinen wolkenförmigen Tonplatten werden über der oberen Wulst verteilt. Für die Sonne formen wir eine kirschgroße Kugel, die wir auf einer Hälfte mit dem Daumen und Zeigefinger auszupfen (Skizze 3). Unten schneiden wir eine Scheibe ab, damit wir eine Fläche zum Anbringen haben. Mund und Augen werden eingeritzt, ebenso die Sonnenstrahlen. Die Nase besteht aus einer winzigen Halbkugel (Skizze 4). Die Schnittfläche wird eingeritzt und geschlickert. Dann setzen wir die Sonne auf die Kugel und drücken sie an. Erst jetzt schneiden wir mit einem spitzen scharfen Messer oder einem Skalpell die Kugel oberhalb der oberen Wulst auf. Erst nach einem Tag, wenn

Skizze 1   *Skizze 2*

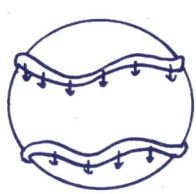

Skizze 3 *Skizze 4*

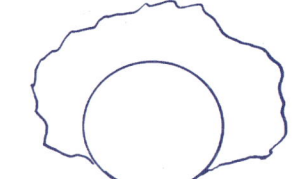

die Kugel angetrocknet ist, wird der Deckel hochgenommen. Störende Tonpartikel können dann mit Schmirgelpapier abgeschliffen werden.

Nach dem Schrühbrand wird die ganze Kugel mit Braunstein eingepinselt und nach Belieben wieder ausgewaschen.

Tipp: Braunstein gibt's im Fachhandel als Pulver, das man mit Wasser zu einer dünnen schwarzen Flüssigkeit aufrührt, auf den geschrühten Ton aufträgt und dann nach kurzer Trockzeit mit ei-

nem Schwamm wieder abwäscht. In den Rillen bleibt es dann dunkel, die Stücke bekommen einen rustikalen Charakter. Aber Braunstein ist giftig, also Gummihandschuhe benutzen, nicht einatmen! Glasiert haben wir nur die Wolken und Häuser (weiß), die Sonne (gelb mit rotem Rand), Dächer (rot), Bäume (dunkelgrün-glänzend mit braunen Stämmen) und die Türen in Blau. Die großen Flächen und die Fenster bleiben unglasiert. Innen nach Belieben anmalen und bei 1050° brennen.

Ballon ✳✳✳✳

Material:
▶ roter Ton
▶ Flüssigglasur in Grün und Weiß und Transparent

Für den Ballon werden zwei Styroporhalbkugeln von ca. 20 cm Durchmesser benutzt. Die Tonkreise, die darüber gedrückt werden, haben ca. 28 cm Durchmesser (z.B. eine Salatschüssel). Mit rotem Ton stellen wir uns eine Kugel her (wie unter dem Kapitel „Kugeltechnik" Seite 13 beschrieben). Die Kugel wird an einen warmen Ort gelegt, damit sie gut antrocknen kann und beim Weiterverarbeiten schön stabil ist.

Um der Kugel eine Ballonform zu geben, benötigen wir noch eine Art Tonstreifen, den wir unten am Ballon befestigen (Skizze 1). Dieses Teil legen wir ebenfalls zum Antrocknen beiseite.

In der Zwischenzeit befassen wir uns mit dem Korb, der unter den Ballon gehängt wird. Dazu suchen wir uns eine Röhrenform von ca. 7 cm Durchmesser, zum Beispiel eine Milchflasche, die wir mit einem Strumpf überziehen. Entsprechend der Beschreibung unter dem Kapitel „Röhrentechnik" stellen wir ein Gefäß von etwa 10 cm Höhe her. Als Verzierung haben wir Zacken am unteren Rand eingeritzt. Dabei sollte man nicht gleich loslegen, sondern das Gefäß erst einmal in etwa vier gleich große Teile einteilen. In jedes Teil ritzen wir dann drei Zacken ein.

Schließlich stechen wir mit einem Strohhalm ca. 1 cm unter dem Rand des Ballonkorbes vier Löcher in etwa gleichem Abstand. Der Rand kann zuvor noch etwas nach außen gebogen werden. Dann formen wir uns acht haselnussgroße Ku-

geln, in die wir ebenfalls mit einem Strohhalm Löcher bohren.

Nun bringen wir den Streifen unten an der Kugel durch Schlickern und Verstreichen an (Skizze 2). Das erfordert etwas Geduld, bis alles so verstrichen ist, dass man die Ansatzstellen nicht mehr sieht. Innerhalb des Kreises schneiden wir den entstandenen Kreis aus der Kugel aus und verstreichen die Ansatzstelle auch von innen. Übrigens: Wenn der Ballon etwas schief sein sollte, ist es eigentlich nicht so schlimm, weil er immer nur von einer Seite betrachtet wird.

Nun zeichnen wir mit einem Zahnstocher oder einem Schaschlikspieß ein Muster ein. Das funktioniert am besten, wenn der Ballon einige Stunden getrocknet ist. Dann kann man ihn schön hinstellen und von oben dem Bild ent-

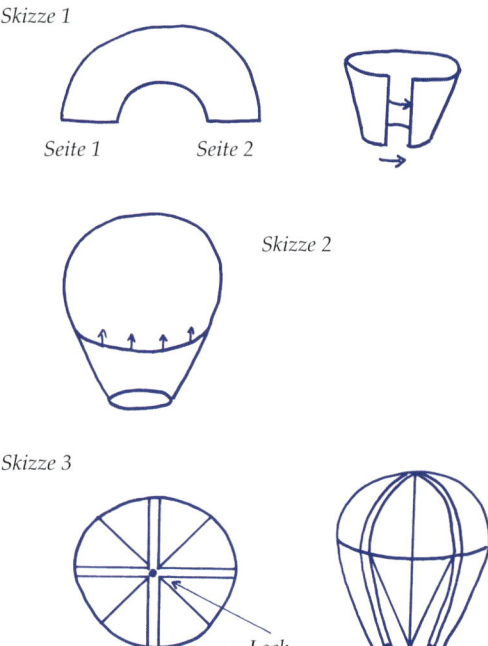

Skizze 1

Seite 1   Seite 2

Skizze 2

Skizze 3

Draufsicht

Loch

4 Löcher